DONA IVONE LARA
E O SONHO DE SAMBAR E ENCANTAR

JACQUES FUX

ilustrações
FLÁVIA BORGES

DONA IVONE LARA
E O SONHO DE SAMBAR E ENCANTAR

Companhia das Letrinhas

NOTA DO AUTOR

As biografias, amigos leitores, não são definitivas! Em busca da verdade dos fatos, elas vão se atualizando e se reinventando. Algumas datas e acontecimentos neste livro não são consenso entre os pesquisadores e historiadores, e podem se modificar ao longo do tempo em razão de novas descobertas — até a data de nascimento de Ivone Lara gera dúvidas! Mas aqui estamos no campo da literatura, onde é bem-vindo sonhar e viajar por épocas, vidas e histórias encantadas.

Copyright do texto © 2024 by Jacques Fux
Copyright das ilustrações © 2024 by Flávia Borges

Grafia atualizada segundo o Acordo Ortográfico da Língua Portuguesa de 1990, que entrou em vigor no Brasil em 2009.

Preparação: FERNANDA BELO
Projeto gráfico: DANIEL JUSTI
Revisão: FERNANDA FRANÇA e ADRIANA MOREIRA PEDRO
Tratamento de imagem: M GALLEGO • STUDIO DE ARTES GRÁFICAS

Dados Internacionais de Catalogação na Publicação (CIP)
(Câmara Brasileira do Livro, SP, Brasil)

> Fux, Jacques
>   Dona Ivone Lara e o sonho de sambar e encantar / Jacques Fux ; ilustrações Flávia Borges. — 1ª ed. — São Paulo : Companhia das Letrinhas, 2024.
>
>   ISBN 978-65-81776-94-7
>
>   1. Cantoras — Brasil — Biografia — Literatura infantojuvenil 2. Lara, Ivone, 1922-2018 — Biografia — Literatura infantojuvenil 3. Samba (Música) — História — Literatura infantojuvenil I. Borges, Flávia II. Título.

23-187146   CDD-028.5

Índices para catálogo sistemático:
1. Ivone Lara : Biografia : Literatura infantil 028.5
2. Ivone Lara : Biografia : Literatura infantojuvenil 028.5

Cibele Maria Dias — Bibliotecária — CRB-8/9427

Todos os direitos desta edição reservados à
EDITORA SCHWARCZ S.A.
Rua Bandeira Paulista, 702, cj. 32
04532-002 — São Paulo — SP — Brasil
☎ (11) 3707-3500
www.companhiadasletrinhas.com.br
www.blogdaletrinhas.com.br
/companhiadasletrinhas
@companhiadasletrinhas
/CanalLetrinhaZ

A marca FSC© é a garantia de que a madeira utilizada na fabricação do papel deste livro provém de florestas que foram gerenciadas de maneira ambientalmente correta, socialmente justa e economicamente viável, além de outras fontes de origem controlada.

Esta obra foi composta em Rocher e Domaine e impressa pela Gráfica Bartira em ofsete sobre papel Alta Alvura da Suzano S.A. para a Editora Schwarcz em março de 2024.

> *... quando sua voz é ecoada, sua história é contada e sua realeza é brindada, sua ancestralidade toma forma, tornando-a imortal. Que sua história seja sempre cantada...*
>
> A superpesquisadora Djamila Ribeiro ecoando, contando e cantando a realeza de Ivone Lara.

> *Dona Ivone Lara deu sentido à minha vida. Devagarinho. A cada gesto, a cada passo miudinho.*
>
> Caetano Veloso celebrando a vida da diva do samba.

Rio de Janeiro, Copacabana, 1978.

Mas não estamos na copa de nenhum apartamento, nem acampados numa cabana e muito menos nadando num rio. Ah, e não é janeiro nem fevereiro.

Porém, o que aconteceu naquele dia, naquela Copacabana daquele Rio, mudou para sempre todos os janeiros e fevereiros. E todas as férias, todos os sambas e Carnavais.

Ali estavam reunidas a supercantora Maria Bethânia, que com suas interpretações criava melodias fascinantes; a incrível violonista-percussionista Rosinha de Valença, que com os dedos remodelava o ar; e a heroína-sambista, assistente social e enfermeira, Ivone Lara, que com a sua paixão mudou o mundo todo — e todo mundo.

Sim. A dona, a diva, a musa, a **RAINHA IVONE LARA**!

Mas antes de contar o que aconteceu nesse dia, precisamos voltar um pouco e apresentar a história da Ivone. Vamos falar de muitos acontecimentos importantes: da luta da mulher negra pelos seus direitos, da luta contra o racismo, contra a pobreza e o machismo, da luta antimanicomial e de como a arte, a música e o samba transformam vidas. E, já que estamos falando de samba, que tal sabermos a sua origem e a de seu parceiro mais fiel, o Carnaval?!

POIS É, O CARNAVAL É DAS ANTIGAS! Algumas ideias carnavalescas foram herdadas dos povos mesopotâmico, grego e romano lá na Antiguidade, mesma época em que surgiu a primeira forma de escrita na Suméria, por volta de 3500 a.C. e que se estendeu até o fim do Império Romano no Ocidente, em 476 d.C. O costume por trás (e também pela frente e pelos lados) desse Carnaval era o de ver o "mundo de cabeça para baixo". **SIM!** Enxergar e enfrentar as regras de forma invertida (e divertida), ao menos por um breve período.

Com o passar dos séculos, as visões foram mudando. Durante a Idade Média — do início do século V, após a queda do Império Romano, até o século XV, com a conquista de Constantinopla pelo Império Turco-Otomano — a Igreja católica tornou-se poderosa e passou a controlar as celebrações. A população foi obrigada a fazer uma reflexão profunda, além de um jejum durante a quaresma. E, já que o povo não era bobo, antes dessa privação, eles aproveitavam a liberdade no Carnaval!

Carnaval chegou ao Brasil no período da colonização. Entre os séculos XVI e XVII os portugueses se divertiam com o tal do entrudo — uma festinha na qual as pessoas saíam às ruas para lambuzar os colegas queridos com águas perfumadas, e os colegas não tão queridos com líquidos malcheirosos como xixi (**XIIII! PODIA DAR RUIM!**). Foram momentos de diversão que duraram até meados do século XX.

O tempo passou, o cheiro de xixi acabou e a história seguiu. Começaram a surgir grupos carnavalescos que organizavam festas de rua com carros alegóricos e bloquinhos durante a década de 1930. Já o samba, esse ritmo tão popular em nosso país, teve sua origem a partir dos batuques e das danças de lundu e coco dos ex-escravizados africanos trazidos ao Brasil.

Dizem por aí e por aqui que o samba urbano carioca ainda teve o tempero das rodas de capoeira lá do Recôncavo Baiano. Os primeiros encontros com música, capoeira e dança aconteciam em terreiros das "tias" do candomblé.

MAS SOMENTE NOS TERREIROS?

SIM. Até o fim da década de 1920, as festividades afro-brasileiras eram proibidas por causa de leis racistas e da intolerância religiosa. Nesses encontros, os recém-chegados cantavam suas histórias, seus causos e acasos. Um desses sambas, o conhecido para os conhecedores e desconhecido para os desconhecedores, "Batuque na cozinha", narrava as péssimas condições de moradia, a discriminação, o preconceito e a violência.

Em 1917, Donga, Mauro de Almeida e Sinhô lançaram o supersucesso "Pelo telefone" (e olha que nem existia celular!). A repercussão foi tão grande que marcou o nascimento do samba urbano carioca. O estilo carnavalesco se espalhou e esses compositores passaram a ser reconhecidos como "reis do samba". Mas até aqui havia discriminação: as mulheres não eram aceitas como compositoras do gênero.

PORÉM, TUDO SE TRANSFORMARIA COM A CHEGADA DA IVONE!

Ivone Lara nasceu Yvonne Lara da Costa, já sonhando em sambar, no bairro de Botafogo, Rio de Janeiro, no dia 13 de abril de 1921.

A dor da escravidão infelizmente fez parte da história de sua família. Sua bisavó havia sido escravizada e a sua avó só não teve o mesmo destino pois veio ao mundo após a promulgação da Lei do Ventre Livre. Porém, mesmo assim, Ivone teve que lutar contra a discriminação, a intolerância e o racismo que ainda permaneciam (e permanecem) na sociedade.

Ivone foi a primeira filha da costureira e cantora Emerentina Bento da Silva, e do violonista de sete cordas João da Silva Lara, que se conheceram trocando sorrisos e danças numa roda de samba no Carnaval.

Ivone foi uma menina pra lá de precoce. Bem nova, já falava como uma criança mais velha e, com seu pai, batia altos e baixos papos (afinal, só tinha meio metro de altura). Dizem que ela só jantava quando ele chegava do trabalho e cantarolava sobre seu dia.

E já que o próprio samba começa com um **S** de saudade, Ivone teve que aprender desde nova a viver com esse sentimento. Seu pai faleceu quando ela tinha três anos e sua mãe estava grávida de sua irmã. Apesar de dizer que não se lembra da partida do pai, as melodias que ela compôs sempre tinham o **S** dessa saudosa saudade.

(**CURIOSIDADE:** tempos depois, um outro apaixonado pelo samba — um tal de Vinicius de Moraes — cantarolou que para fazer um samba de verdade era preciso um pouco de tristeza e saudade.)

Alguns anos se passaram e a viúva Emerentina se casou com Venino José da Silva. Ele assumiu os cuidados de Ivone e sua irmã Elza, e ainda as presenteou com mais três irmãos: Regina, Nilo e Valdir. Dizem que ele foi um bom pai, mas Ivone nunca o esperou para jantar.

Já que a casa em Botafogo ficou pequena, a família se mudou para o bairro da Tijuca. Bem perto dali ficava a Escola Municipal Orsina da Fonseca, um internato público que oferecia um ensino excelente.

A sorte ajudou Ivone: Emerentina costurava as roupas de uma das professoras dessa escola. E, como a mãe sempre falava com orgulho da inteligência da filha, a cliente-professora conseguiu uma vaga para Ivone e convenceu Emerentina de que o internato mudaria a vida e o destino da menina.

E MUDOU.

Então, rumo ao colégio interno!

Aos nove anos, Ivone já estava por lá convivendo com mais de trezentas meninas de cabelos, sobrancelhas, chulés, origens e classes sociais diferentes. Foram muitas histórias e memórias. Para uma futura sambista, esse apimentado convívio se transformaria em melodia pura.

PURÍSSIMA E MISTURADÍSSIMA!

Além de caprichar no ensino das disciplinas tradicionais, a Escola Municipal Orsina da Fonseca tinha uma quedinha pelo vôlei e pela música! Sim, o esporte e as canções eram valorizados. (Se você jogasse uma partida de vôlei cantarolando sem perder o ritmo e sem deixar cair a bola, com certeza tiraria um 10!)

A música ainda tinha um prestígio maior que o vôlei, já que no internato havia um disputadíssimo orfeão. O orfeão era a galinha dos ovos de ouro, de prata e de bronze do colégio.

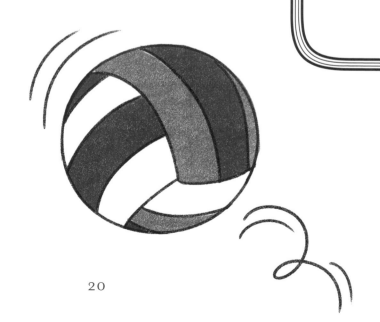

OPA, ORFEÃO?

Sim! Uma espécie de coral composto apenas pelas vozes mais afinadas. Todos davam muito valor a esse orfeão, pois a professora que regia as vozes era ninguém mais ninguém menos que Lucília Guimarães Villa-Lobos.

Lucília foi uma poetisa, maestrina e pianista. Além disso, foi esposa do maestro Heitor Villa-Lobos, conhecido também como "chorão Villa-Lobos" (pois adorava o estilo musical choro). Ele foi considerado a figura mais criativa do século XX! Claro, contou com a ajuda de Lucília, que lhe dava altos conselhos.

Um dia, o maestro chorão foi ao colégio para selecionar as vozes mais bonitas. Ele montou uma fila para avaliar as meninas. A escuta do maestro, pra lá de apurada, conseguia ouvir cada uma. Tudo estava indo bem quando, de repente, ele ouviu um contralto dramático!

Opa, encontrar um contralto de verdade assim dando sopa é raríssimo! Uma voz dessa é semelhante à de um tenor, com timbre vigoroso e robusto, alcançando graves coloridos e profundos.

Será que preciso dizer quem surpreendeu o maestro e a maestrina?! **SIM! FOI A IVONE! VIVA!**

Sob a regência dos Villa-Lobos, Ivone se apresentou em muitos corais e até na televisão! Foi por causa deles que ela teve uma formação completa em música erudita.

(**FOFOCA:** uma vez, Heitor Villa-Lobos regeu 40 mil vozes de jovens no estádio do Vasco da Gama. Parece que ele era bem bravo nos ensaios, mas dizem que o evento foi lindo.)

Mas, calma lá, aqui e acolá! Como Ivone havia aprendido a cantar? A se interessar por música? A cantarolar (sem enrolar) tão bem?

Bom, além de ter nascido em berço de ouro sambista, ela, desde nova, ia ao samba no morro do Salgueiro. Embora sua mãe não permitisse que Ivone frequentasse o Terreiro Grande do Salgueiro, foi lá que ela escutou as primeiras melodias que marcaram sua alma. (Um dia, distraída, ela voltou para casa ainda cantarolando as canções que tinha ouvido. A mãe se deu conta de que ela tinha ido ao Terreiro Grande e aí, amigas e amigos, a música foi lacrimejante...)

Ah! E foi lá no Terreiro que Ivone assistiu ao Noel Rosa — cantor, compositor, bandolinista, violonista e um dos mais importantes sambistas do morro e do asfalto!

(**CÁ ENTRE NÓS:** imagino que Ivone tenha dado uns conselhos ao Noelzinho e ao Heitorzão.)

De quinze em quinze dias, Ivone deixava o internato e ia para casa. A alegria pela sua visita era tanta que ela sempre era presenteada. Uma vez, aos doze anos, ganhou um passarinho vermelho, da espécie tiê-sangue. Ivone e o passarinho foram se gostando, se comunicando, se entendendo e se bicando, até que daí surgiu a melodia do "Tiê". E, junto com os primos Hélio e Fuleiro (que de fuleiro não tinha nada), colocaram a letra.

AH! IVONE TINHA UMA PECULIARIDADE: não gostava tanto de escrever as letras: seu lance eram as melodias. Para ela, a melodia tocava muito mais a alma e ultrapassava a barreira dos corpos, das mentes e do mundo físico. A melodia permaneceria pela eternidade, como a lembrança do canto de seu passarinho vermelho.

Mesmo assim, Ivone escreveu algumas letras marcantes. Compor uma letra para uma melodia é o mesmo que modelar um corpo para receber uma alma, ou construir uma chave para uma determinada fechadura, ou inventar um segredo para um cadeado. A melodia encontra sua letra para, então, se tornarem música.

Por isso, ela sempre teve parceiros para colocar letras em suas melodias. "Tiê", sua primeira parceria com Hélio dos Santos, que orgulhosamente cantava em todos os shows, iniciava com os versos: "Tiê, Tiê, olha lá... Oxá/ Passarinho estimado/ Que me deu inspiração/ Dos meus tempos de criança / Guardei na lembrança esta recordação".

Mas, logo depois da alegria de sua primeira composição e parceria, o samba transformou-se novamente em saudade. A sua querida mãe Emerentina, com apenas 33 anos, morreu inesperadamente. Então Ivone teve que aprender a sambar (devagarinho) agora descalça de pai e mãe. Ela, menina negra, órfã e pobre teria que se impor e lutar contra o destino.

Nessa época, aconteceram duas grandes e atrasadas conquistas no Brasil: acabava de ser aprovada a Constituição Federal que dava às mulheres direito ao voto e as igualava aos homens em termos de direitos trabalhistas. (Imaginem: as mulheres não tinham direito de votar e eram consideradas inferiores diante da lei.) Além disso, o samba começava a interessar todas as classes sociais. Antes, amigas e amigos leitores, os sambistas eram perseguidos e até presos pela polícia.

Então, por causa das reformas constitucionais e trabalhistas desse novo período que raiava, lá no fim do túnel, Ivone e as mulheres podiam sonhar em ter uma profissão e um futuro.

Porém, mesmo diante dessas "conquistas" constitucionais, Ivone não podia sequer imaginar ser compositora. Até então nunca havia existido uma mulher negra sendo bem-sucedida, recebendo prêmios e compondo sambas, e talvez nunca existiria se não fosse pela luta e genialidade dela.

Ivone conhecia a história da sua antiga professora, a soprano Zaíra de Oliveira que, em 1921, disputou um concorrido concurso de canto promovido pelo Instituto Nacional de Música. Além do dinheiro, quem vencesse ganharia uma bolsa para estudar canto lírico na Europa. Sonho de todos, desejo de muitos: Zaíra venceu, mas seu direito de ir foi negado somente por ela ser negra.

Histórias como essa fizeram de Ivone uma mulher cada vez mais forte e decidida porque, segundo a superpesquisadora e admiradora Djamila Ribeiro, ela conheceu e se reconheceu na humanidade do outro. Tinha como inspiração e aspiração a imagem da mulher negra africana: batalhadora e que, no candomblé frequentado pela mãe e a tia (que ela sempre xeretava), surgia na figura da mãe de santo, a chefe do terreiro, do pedaço e do espaço.

Em breve, Ivone homenagearia a sua ancestralidade, e se tornaria a dona do pedaço, do espaço e do samba!

(**UM SPOILER:** aos 61 anos, Ivone participou de um especial na televisão do *Sítio do Pica-Pau Amarelo*. Ela foi chamada para interpretar a personagem da Tia Nastácia, figura estereotipada, discriminada e caricaturada que Monteiro Lobato criou para representar o seu tempo. Ela teve que aceitar o papel, mas sua resposta veio — talvez — num triste e revolucionário "Lamento do Negro": "Canto do negro é um lamento/ Na senzala do senhor.../ O negro veio de Angola/ Fazendo sua oração/ Na promessa da riqueza/ Só ganhou a escravidão...".)

Depois da morte da mãe, na volta quinzenal da escola, Ivone agora ia para a casa da tia Maria e do tio Dionísio, em Madureira. Ela já havia se emancipado e, muito madura, pensava no seu futuro e em como se manter sem a ajuda de ninguém.

Para isso, Ivone tinha que conseguir uma fonte de renda. Quando deixou o internato aos dezoito anos, o tio a chamou para uma conversa séria: ela teria que arrumar um trabalho remunerado e, caso não encontrasse, ele a mandaria trabalhar em uma fábrica de tecidos onde os primos já estavam.

Ivone sonhava com algo maior. Não queria abraçar o triste destino imposto às mulheres negras e pobres do Brasil: se casar cedo, ter um trabalho no lar (ou no lar de uma mulher branca) e cuidar com dificuldade dos filhos e marido. Ela queria fazer sua própria história.

Foi então que ela leu no *Jornal do Brasil* sobre um concurso para a Escola de Enfermagem Alfredo Pinto. O curso era gratuito. Oba! Porém, como ela se manteria e ainda ajudaria os tios e primos?

SIMPLES, APESAR DE DIFÍCIL: ela teria que ser aprovada ficando nas primeiras dez posições para receber uma ajuda extra de 60 mil-réis (fazendo uma conversão assim por cima, seria algo como um salário mínimo nos dias de hoje).

E DEU CERTO!

Ivone brilhou no concurso e nos quatro anos de curso. Estudou enfermagem elementar, administração, organização sanitária, higiene e patologia, anatomia, fisiologia e ética, práticas de pequenas cirurgias, ginecologia, obstetrícia, medicina social, assistência social e tratamento de "doentes mentais". (Não gosto desse termo preconceituoso, mas era assim que era usado. Por isso, como a história da Ivone é pra lá de inspiradora, e mostra como não aceitar os fatos como nos são impostos, vou usar um termo atual e mais adequado: "pessoas com deficiência", tá?)

Ivone gostava de todas as disciplinas e aprendizagens, mas tinha uma quedinha especial pelo serviço social e pelo tratamento das pessoas com deficiência. A sua escolha em trabalhar nessa área fez toda a diferença para ela e na qualidade de vida dos seus pacientes.

O trabalho como assistente social e enfermeira também influenciou suas composições e cantorias. Suas melodias-almas, junto com as letras-corpos, valorizavam a mitologia e o passado dos povos negros, a criatividade e o sonho por uma humanidade melhor. Ela nunca se esqueceria de cantar os afetos entre as diferentes culturas e lutar pela autonomia das mulheres negras.

VIVA IVONE! VIVA!

Então, aos 22 anos e recém-formada, Ivone foi trabalhar na Colônia Juliano Moreira, em Jacarepaguá. O tio dela, Dionísio, dirigia uma ambulância e, nas horas vagas, tocava violão de sete cordas (o mesmo que o pai de Ivone), compunha choros, ensinava a sobrinha a tocar cavaquinho e frequentava uma turminha especial de samba.

Nessa turminha de samba tinha um tal de Pixinguinha: maestro, flautista, saxofonista — um dos maiores compositores da música popular brasileira de todos os tempos —, e o Jacob do Bandolim: um dos grandes músicos do choro, que introduziu a sanfona e o vibrafone no samba. Ivone se inspirava no tio, no Pixinguinha e no Jacob do Bandolim e viajava entre acordes e melodias.

Dois anos depois, Ivone ainda procurava por uma estabilidade financeira. Então decidiu se inscrever no primeiro curso de especialização em "assistência social" do Brasil, que no futuro lhe forneceria uma aposentadoria vitalícia. Mais um sucesso acadêmico em sua vida. Mais uma barreira vencida por uma mulher negra. Ela foi uma das primeiras mulheres negras a ter dois títulos universitários no país — e a única na sua família até então.

Após sua formatura, em 1947, foi contratada pelo Centro Psiquiátrico Nacional Pedro II, que ficava no Engenho de Dentro, e lá trabalhou até os seus 56 anos de idade. Durante esse período, Ivone só tirava férias durante os Carnavais! Espertinha!

No Engenho de Dentro, Ivone ajudou na luta antimanicomial cuidando de pessoas com deficiência com terapias artísticas pensadas por ninguém mais ninguém menos que a dra. Nise da Silveira.

OPA! Dra. Nise da Silveira? Luta antimanicomial?

ise Magalhães da Silveira nasceu em Maceió, no dia 15 de fevereiro de 1905. Ivone se inspirava bastante na história de vida dela, pois foi uma das primeiras mulheres médicas no Brasil.

Nise se especializou em psiquiatria em 1932 e, a partir de então, dedicou-se ao estudo da arte e da literatura para melhorar a qualidade de vida das pessoas com deficiência intelectual. Foi presa em 1936, acusada de seguir as ideias do comunismo de um tal de Leon Trótski (para simplificar: o mundo estava dividido entre as ideias comunistas e as capitalistas e, já que um lado não tentava entender o outro, ficavam brigando, brigando, brigando). Durante o cárcere, Nise conheceu o escritor Graciliano Ramos, também preso acusado de "comunismo". Anos depois, Ramos homenageou Nise ao representá-la como personagem no seu clássico *Memórias do cárcere* (de tão lindo, vale umas quatro... centas leituras).

Nise e Ivone lutaram pela humanização do tratamento das pessoas com deficiência: a luta antimanicomial. Naquela época, e durante muito tempo, para tentarem "tratar" as pessoas com deficiência, os médicos dos manicômios prendiam os pacientes por tempo indeterminado, realizavam lobotomias (cirurgias que deixavam as pessoas sem vontade de fazer nada) e davam eletrochoques. **QUE HORRÍVEL!**

As duas eram a favor da alegria, do carinho, do cuidado e da arte para melhorar a qualidade de vida dos pacientes. Ivone até convenceu Nise a criar uma salinha com instrumentos musicais no Engenho de Dentro e daí surgiu a musicoterapia! Revolucionárias, brilhantes e importantes, fizeram a diferença na vida de muitos (inclusive do meu irmão Benny, que tem deficiência, e que adora o carinho e as terapias musicais e artísticas). Nise criou e expôs os trabalhos artísticos dos pacientes no Museu de Imagens do Inconsciente no Rio de Janeiro (de tão lindo, vale umas quatro... centas visitas).

Ivone, além de cuidar, cantava para os seus pacientes-artistas. Cantar é encantar a vida, mesmo diante de tantas limitações e sofrimentos.

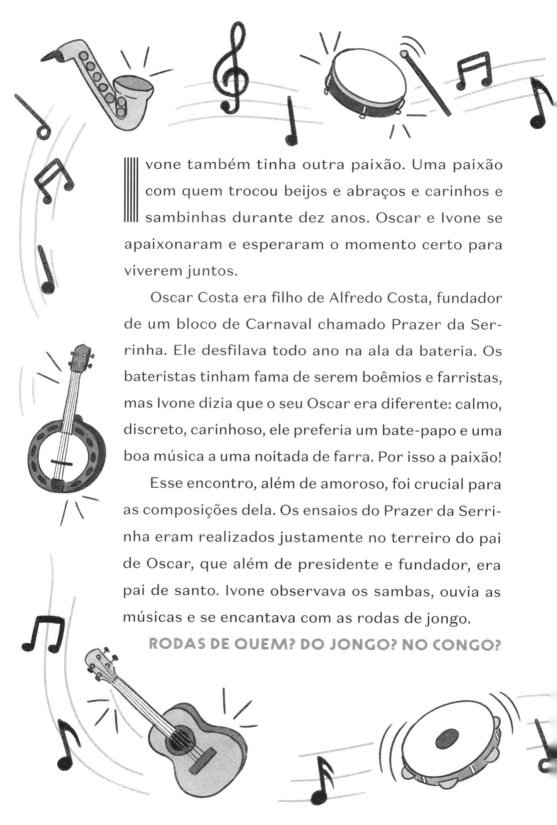

Ivone também tinha outra paixão. Uma paixão com quem trocou beijos e abraços e carinhos e sambinhas durante dez anos. Oscar e Ivone se apaixonaram e esperaram o momento certo para viverem juntos.

Oscar Costa era filho de Alfredo Costa, fundador de um bloco de Carnaval chamado Prazer da Serrinha. Ele desfilava todo ano na ala da bateria. Os bateristas tinham fama de serem boêmios e farristas, mas Ivone dizia que o seu Oscar era diferente: calmo, discreto, carinhoso, ele preferia um bate-papo e uma boa música a uma noitada de farra. Por isso a paixão!

Esse encontro, além de amoroso, foi crucial para as composições dela. Os ensaios do Prazer da Serrinha eram realizados justamente no terreiro do pai de Oscar, que além de presidente e fundador, era pai de santo. Ivone observava os sambas, ouvia as músicas e se encantava com as rodas de jongo.

RODAS DE QUEM? DO JONGO? NO CONGO?

NÃO! O jongo é uma dança de roda afro-brasileira típica da região Sudeste. Enquanto um casal roda no centro do círculo, várias músicas contando as histórias e os desafios das comunidades e da população negra são entoadas. É um ritmo contagiante. (Vale ouvir umas quatro... centas vezes!)

Nas rodas de jongo, inspirada pelos beijos e abraços e carinhos e sambinhas de Oscar, Ivone começava a compor melodias, porém não as compartilhava com ninguém. A composição era algo ainda exclusivamente masculino.

Só que Ivone era genial e esperta. Sabia que suas melodias eram maravilhosas e que poderiam mudar a história do samba. Ela tinha o sonho secreto de ver todos cantarolando suas melodias nos ônibus, nos carros, nas ruas e nos chuveiros. (Confesso que cantarolo durante o banho... mas desconfio que meus vizinhos não gostam muito de ouvir a cantoria...)

Então ela teve uma ideia: procurou seu primo Fuleiro, que tinha se tornado um compositor reconhecido (passou a ser chamado de Mestre Fuleiro) e propôs uma parceria. Uma parceria nada justa, mas a única que naquele momento machista poderia dar certo: Ivone daria de mão, pé e sovaco beijados as melodias para que o Mestre Fuleiro as apresentasse nas rodas.

E foi assim. O Mestre Fuleiro apresentou diversas melodias de Ivone e o pessoal do samba ficou encantado. Eram melodias incríveis, inteligentes, diferentes e inéditas. E ela observava de longe a chuva de elogios que o primo recebia. "Dava orgulho de ver o povo gostando!"

Por isso Ivone Lara foi tão importante! Ela foi essencial na história da cultura brasileira, porque, tempos depois, ao se destacar, colocou as mulheres negras no centro da narrativa. Apesar de ter sido oprimida, conseguiu dar coro às vozes, às histórias, aos passados e às experiências da negritude feminina. **VIVA!**

Depois de dez anos, Oscar e Ivone resolveram juntar seus sambas no dia 4 de dezembro de 1947, na Igreja de São Luiz Gonzaga, em Madureira. Nem preciso dizer que as músicas que tocaram na festa foram sambas, que os convidados eram sambistas, que a decoração da festa era inspirada no samba e que, em vez de dizer: "Sim, eu aceito Oscar como meu legítimo esposo", Ivone disse: "Sim, aceito o Oscar do samba como meu parceiro de samba para sambar a vida toda".

DEPOIS, TODOS COMEMORARAM SAMBANDO!

Mas, a partir daquele dia, a vida, embora comparti-lhada com amor e samba, passou a ficar ainda mais difícil para Ivone. Ela tinha que trabalhar como enfermeira e assistente social, cuidar da casa, do marido, da comida — Oscar não ajudava muito financeiramente — e ainda criar seus dois filhos, Odir e Alfredo Lara da Costa.

Mesmo assim, ela sempre arrumava um tempinho mágico para ir a um samba!

Prazer da Serrinha, tão frequentado pela Ivone, acabou. Depois de uma briga entre os fundadores, os dissidentes resolveram criar a Escola de Samba Império Serrano. Tempos depois, aos 44 anos, Ivone chegou chegando num dos ensaios.

Ela sempre aparecia cantarolando as suas próprias melodias. Mas, ao encontrar o pessoal machista, acabava se calando para não descobrirem seu segredo. Naquele dia, para a nossa sorte, Ivone se esqueceu de parar. Foi então que o Silas de Oliveira, um dos mandachuvas (e mandassóis) da Império Serrano, a ouviu. Aquela melodia tocou sua alma num lugar que nenhuma outra havia tocado.

Surpreso, Silas perguntou a Ivone de quem era aquela melodia. Ela juntou um pouco de vagem com coragem e disse que era dela. Só dela e de mais ninguém. Nenhum Mestre Fuleiro estava por trás daquela melodia.

E SABEM O QUE ACONTECEU? Silas e um tal de Bacalhau abraçaram aquela música. Não tinha jeito de dispensar tanta beleza. Então, colocaram letra na melodia e Ivone passou a ser a primeira mulher a compor um samba-enredo oficial. Viva Ivone! Sorte da Império Serrano, do Silas e do Bagre (opa, do Bacalhau)!

Naquele ano, a Império Serrano foi vice-campeã do Carnaval. UAU! Todo mundo quis saber quem tinha feito a melodia daquele samba-enredo. Então o nome da Ivone Lara começou a circular e a abalar. Abalou tanto que ela pôde revelar que vários dos sambas que cantarolavam em Madureira não eram do Mestre Fuleiro coisa nenhuma. ERAM DELA, SÓ DELA, DA SUPERIVONE LARA!

(O Mestre Fuleiro era bem do bem e ajudou a prima depois da revelação do secretíssimo segredo que compartilhavam!)

Ivone abalou o mundo dos compositores do samba. Um mundo que começava, ainda com certa dificuldade, a aceitar a genialidade de uma mulher. O talento de Ivone era incontestável e inegável.

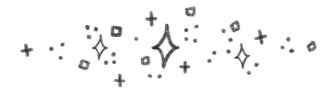

Segue um trechinho do samba-enredo de 1965 que consagrou Ivone, chamado "Cinco Bailes da História do Rio": "Carnaval, doce ilusão/ Dê-me um pouco de magia/ De perfume e fantasia/ E também de sedução/ Quero sentir nas asas do infinito/ Minha imaginação".

SIM! Foi devagar devagarinho, dançando passinhos coladinhos, o seu famoso "miudinho", que Ivone rompeu barreiras importantes! Há uma foto famosa em que ela aparece como a única mulher no meio de dezenas de compositores homens na Império Serrano. E ela os liderava!

Há também uma história triste por trás do miudinho: dizem que os passinhos eram tão coladinhos assim porque era a única forma que as pessoas escravizadas conseguiam dançar em razão das correntes presas em seus calcanhares.

50

CURIOSIDADE SOBRE AS ESCOLAS DE SAMBA: lá em 1920, no Rio de Janeiro, havia os "ranchos carnavalescos" — pessoas que saíam fantasiadas dançando marchinhas pelas ruas carregando o estandarte do grupo. Um rancho decidiu inovar em 1928: reuniu um monte de professores, que se organizaram na frente de uma escola no bairro Estácio, no centro da cidade, e resolveram se chamar (obviamente) de "Escola" de Samba Deixa Falar! Essa novidade deu o que falar: outros abraçaram a importância e o respeito desse termo e passaram também a se reconhecer como "Escola" — as famosas Portela, Unidos da Tijuca e Mangueira! Em 1932 rolou o primeiro desfile competitivo, que hoje é uma das maiores atrações do planeta.

Na década de 1970, um empresário bonachão e apaixonado por samba organizava na sua casa de shows o chamado Sambão 70. Esse tal de Osvaldo Sargentelli reunia vários artistas e performers, e Ivone, com 49 anos, foi uma das convidadas. Ela fez um sucesso absurdo! Arrasou o quarteirão do sambão! Foi um delírio!

Então, Sargentelli, que era espertão e queria fazer dinheiro, decidiu gravar um LP, o primeiro de Ivone, em parceria com a importantíssima Clementina de Jesus (supersambista que incorporou os cantos negros tradicionais em sua música) e Roberto Ribeiro (um dos intérpretes dos sambas-enredos da Império Serrano).

O LP ficou ótimo. Lindo! Cheio de graça (apesar de não ser dado de graça)! Por causa do sucesso, Sargentelli, que sabia vender bem o bacalhau, o bagre e qualquer peixe, resolveu chamar a Ivone Lara de Dona Ivone Lara. Um nome mais artístico.

Ivone não gostou. **"DONA? PRA QUE DONA? NÃO QUERO ISSO, NÃO, SOU NOVA AINDA!"** Mas não tinha como brigar, afinal, ela era só uma iniciante no meio artístico. Então, passou a ser a Dona Ivone Lara mesmo.

(A verdade é que tenho críticas ao Sargentelli; por vezes ele tinha um comportamento machista, mandão e bonachão. Viveu num outro tempo, reproduzindo um monte de estereótipos horríveis e inadequados, mas foi importante para a biografia da Ivone.)

53

A parceria com Silas de Oliveira e os sambas na Império Serrano estavam indo de vento em popa quando, em 1972, Silas partiu repentinamente. Ivone ficou tão triste... tão triste... tão triste. Parece que o samba tem mesmo esse **S** da saudade.

Da tristeza fez-se mais um novo encontro. Ela ganhou outro parceiro na música: Délcio Carvalho. Eles se tornaram amigos e compuseram sambas imortais. Em um deles, "Canto do meu viver", eles honrariam a memória das pessoas que se foram e que deixaram a "saudade fazendo uma eterna canção".

Délcio esteve ao lado de Ivone nos momentos mais difíceis. E bota difícil nisso. Em 1975, o marido Oscar, com quem havia dividido a vida e o samba nos últimos 28 anos, partiu.

Oscar: mais um samba-saudade na vida de Ivone.

E esse período foi ainda mais doloroso porque Odir, seu filho de apenas 27 anos, tinha sofrido um grave acidente de carro e estava em coma havia 45 dias.

Odir se recuperou parcialmente — foi operado por Paulo Niemeyer, filho do famoso arquiteto, construtor de Brasília (e de mais um tanto de prédios redondos, recôncavos e reconvexos), Oscar Niemeyer.

Mesmo assim, Odir precisou de cuidados até 2007. Morou com Ivone até o fim de seus dias.

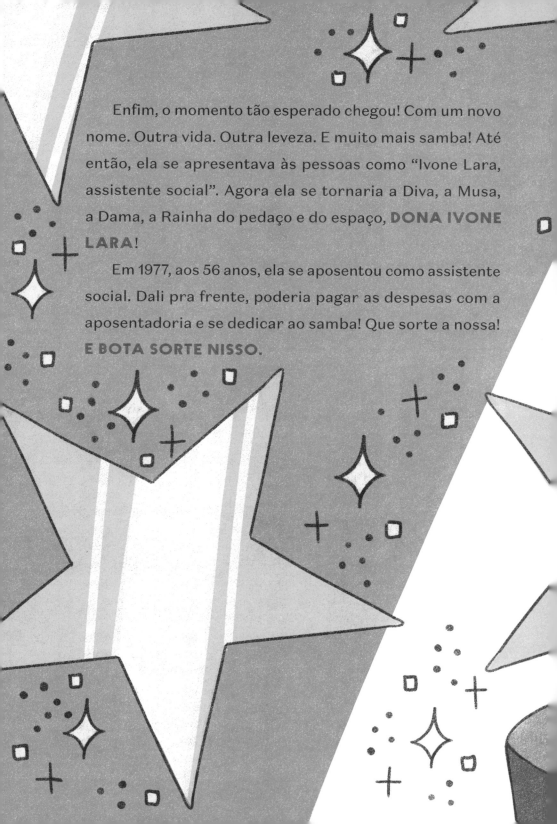

Enfim, o momento tão esperado chegou! Com um novo nome. Outra vida. Outra leveza. E muito mais samba! Até então, ela se apresentava às pessoas como "Ivone Lara, assistente social". Agora ela se tornaria a Diva, a Musa, a Dama, a Rainha do pedaço e do espaço, **DONA IVONE LARA**!

Em 1977, aos 56 anos, ela se aposentou como assistente social. Dali pra frente, poderia pagar as despesas com a aposentadoria e se dedicar ao samba! Que sorte a nossa! **E BOTA SORTE NISSO.**

Agora posso finalmente revelar o que aconteceu naquele encontro narrado no começo do livro! Voltamos, então, a 1978, Copacabana, Rio de Janeiro. E, de novo, não estamos na copa de nenhum apartamento, nem acampados numa cabana e muito menos nadando num rio. O que aconteceu nesse dia, nessa Copacabana desse Rio, mudou para sempre todos os janeiros e fevereiros. E todas as férias, os sambas e os Carnavais!

Estavam reunidas: Maria Bethânia, Rosinha de Valença e Ivone Lara. Depois de muita conversa sobre sambas e saudades, elas já estavam se despedindo quando Ivone cantarolou uma melodia que atraiu a atenção de todas.

Era uma melodia ou um sonho? Um hino ou uma oração? Era arte ou era vida?

Bom, era tudo isso junto, cantado, cantarolado e misturado! Ivone disse que a melodia repousava em sua alma e a acalentava havia tempos. Que as notas resumiam sua vida, sua luta, sua história e sua arte.

Junto dessa melodia, sonho, hino e oração ainda surgiram palavras: "Sonho meu, sonho meu/ Vai buscar quem mora longe, sonho meu". Ah! E como é bonito falar do sonho e das saudades. Palavras que lembram o universo onírico. Que colocam em cena o inconsciente, os desejos e as emoções sentidas por todos nós. VIVA!

Então Maria Bethânia, também conhecida como "abelha-rainha", quase virou Maria "em prantos" Bethânia ou "abelha chorona" de tanto que se emocionou com a melodia e a letra cantadas por Ivone. Rosinha de Valença quase virou Rosinha da Convalescença, pois teve que se recuperar do choque diante da beleza do que tinha acabado de ouvir.

Ivone percebeu que havia tocado a alma das amigas num lugar diferente. Encantador e encantado. No mesmo dia, ligou para o Délcio e o convocou para completar esse samba que se tornaria um dos maiores sucessos de todos os tempos!

Logo, logo, Ivone o gravou num dueto com Gal Costa! E esse samba-sonho caiu na boca do povo. Samba romântico, samba apaixonado, samba das saudades. Histórias de luta, conquistas e esperanças. Sonho por tempos melhores. Samba que foi abraçado por vozes de centenas de intérpretes mundo afora!

O sucesso foi tanto que Ivone assinou um contrato para gravar seu primeiro disco solo: *Samba Minha Verdade, Samba Minha Raiz*!

Coloco aqui mais um trecho desse samba que abriu as portas para a gravação desse primeiro disco da Ivone: "Sonho meu, sonho meu/ Vai buscar quem mora longe, sonho meu/ Vai mostrar esta saudade, sonho meu/ Com a sua liberdade, sonho meu/ No meu céu a estrela-guia se perdeu/ A madrugada fria só me traz melancolia, sonho meu".

QUE LINDO!

O resto da história, amigos e amigas, será que já podem imaginar?

Ivone saiu pelo mundo cantando e cantarolando! A Europa, as Américas, a África e a Ásia, cada continente teve o prazer de ouvir a maravilhosa cantora e compositora. O mundo foi tocado pela alma dessa mulher negra, corajosa, encantada, encantadora, batalhadora e sonhadora.

Ela realizou o sonho de viver de música, da música e para a música. Cantou e encantou até 2018. Aos 97 anos, levou seu samba para outros ares e lugares, mas as suas composições permanecem eternas aqui, aí e acolá! Afinal, ela nasceu e viveu para sonhar e cantar:

"O que trago dentro de mim preciso revelar/ Eu solto um mundo de tristeza que a vida me dá/ Me exponho a tanta emoção/ Nasci pra sonhar e cantar/ Na busca incessante do amor/ Que desejo encontrar."

SOBRE O AUTOR

Quem nunca se lembrou de um momento especial ao ler uma história ou ouvir uma canção? A leitura nos permite viajar por outros tempos e espaços, e nos coloca no lugar do outro. Já a música, que arrepia o nosso corpo e nossa alma, nos envolve nessas aventuras! Neste livro, viajamos e sonhamos com a Dona Ivone Lara, embalados pelas suas lindas melodias. Ouvi-la sempre me emocionou e me transportou para a infância, época em que quis ser sambista, dançarino, arqueólogo, paleontólogo, filósofo e físico! Anos depois, percebi que poderia ser tudo isso me tornando escritor. Escrevi muitos livros e ganhei prêmios importantes, como o São Paulo de Literatura, o da Cidade de Belo Horizonte e o Selo Altamente Recomendável da FNLIJ (Fundação Nacional do Livro Infantil e Juvenil).

SOBRE A ILUSTRADORA

Cresci em meio à música. Quando criança, por causa dos meus pais e irmãos, ouvia samba, MPB, música erudita, rock, synth-pop e as trilhas de abertura de animes. Quando adolescente, me apaixonei pelo indie rock. Sempre que tenho a oportunidade de saber mais sobre música, meus olhos brilham. E não foi diferente com a maravilhosa Dona Ivone Lara.

Já ilustrei obras que têm ou não a ver com música, entre elas: *Maré alta* (indicado ao Troféu Angelo Agostini); *Manual de penteados para crianças negras*; *Cinderela e o baile dela*; *O pedido da fada madrinha*; *O pequeno sereio* e *Bela, a fera, e Fernão, o belo*.

Para me conhecer mais, acesse:

@breezespacegirl

www.behance.net/flaviabsilustra